Skip Counting

by Jennifer Boothroyd

first step nonfiction

Lerner Publications · Minneapolis

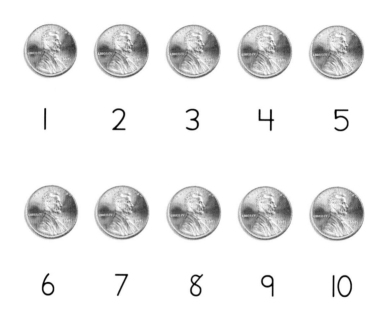

1   2   3   4   5

6   7   8   9   10

I can count to 10.

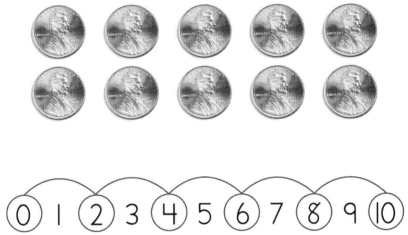

I can count by twos.

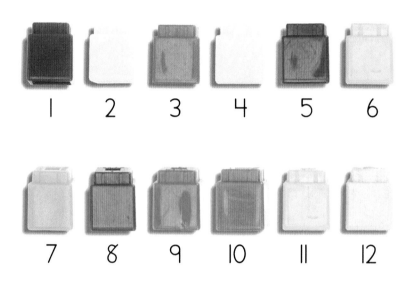

1 2 3 4 5 6

7 8 9 10 11 12

I can count to 12.

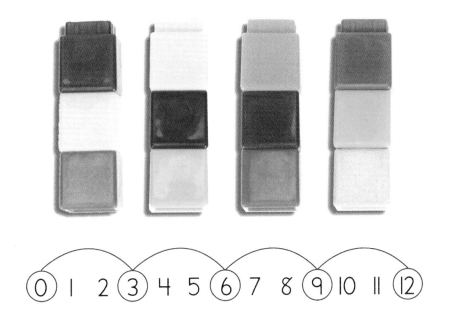

I can count by threes.

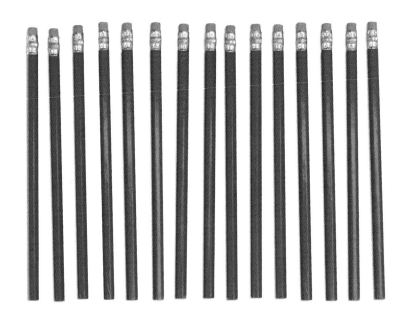

1 2 3 4 5 6 7 8 9 10 11 12 13 14 15

I can count to 15.

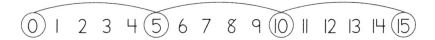

I can count by fives.

Can you skip count?